Zum Ruhestand
die besten Wünsche

Irmgard Erath

GROH

Das Leben ist schön,

gerade im Ruhestand.
Möge es eine Zeit der Freude, der Freiheit
und der Gelassenheit werden.
Einfach eine ganz besondere Zeit.

für ______________________________

von ______________________________

Endlich Ruhestand

Wie oft haben wir ihn herbeigesehnt
und dann doch wieder weit weg gewünscht.
Und nun ist er da!

Jetzt heißt es Abschied nehmen von dem,
was so lange zu uns und in unser Leben gehörte,
und von den Menschen, die auf unserem beruflichen Weg
an unserer Seite waren.

Es heißt aber auch, all das Unbekannte, Überraschende,
Schöne, das auf uns wartet, annehmen
und diese neue Zeit ganz bewusst leben.

Vielleicht mit den Gedanken noch ein bisschen in der Vergangenheit
oder mit den Wünschen schon ein wenig in der Zukunft.
Aber mit dem Herzen ganz im Heute.

Mehr vom Leben

Weniger Stress
weniger Pflichten
weniger Eile
weniger Ernst
weniger Pläne
weniger Alltag ...

Dafür mehr Gelassenheit
mehr Freude
mehr Zeit
mehr Heiterkeit
mehr Gefühl
mehr Sonntag ...

heißt:
Endlich mehr vom Leben haben!

Abschied nehmen

vom Beruf, dankbar zurückschauen,
und erwartungsvoll nach vorne blicken.
Tut sich da nicht eine ganz neue Welt auf?

Eine Welt der Freiheit.
Der Freiheit, sich Zeit zu lassen,
das Nichtstun zu genießen,
auch einmal beide Augen zuzudrücken,
alle Viere von sich zu strecken,
Fünfe gerade sein zu lassen ...

Dass es dir richtig Spaß macht,
in dieser neuen Welt zu leben, das wünsche ich dir.

Wie herrlich ist es, nichts zu tun
und dann vom Nichtstun auszuruhn.

Heinrich Zille

AYAZ

Jeder Tag ist dein Tag

Es ist einfach herrlich,
dieses Gefühl von Leichtigkeit und Freiheit!

Lasse dich von jedem neuen Tag umarmen,
wie die Blume am Morgen
sich von der Sonne umarmen lässt.
Lade jeden Tag ein,
etwas ganz Besonderes für dich zu werden.
Dass er dir mit schönen Erlebnissen
und glücklichen Momenten antwortet,
das wünsche ich dir von Herzen.

Denk immer daran,
dass es nur eine wichtige Zeit gibt:
Heute. Hier. Jetzt.

Leo Tolstoi

Jenseits der großen Welt

der Arbeit, der Pflichten und Termine
gibt es auch noch etwas anderes:

Die eigene kleine Welt,
in der das Herz daheim ist und in der
man sich geborgen fühlt;
in der Raum für Lachen und Weinen,
für Glück und Freude ist
und die Liebe den schönsten Platz hat.

Jetzt kannst du die große Welt des Berufslebens
gegen deine eigene kleine Welt eintauschen.

Möge es ein wunderbarer Tausch
für dich werden.

Die Seele baumeln lassen

Endlich da angekommen zu sein,
wo man Ruhe findet;
wo es diese kleinen Oasen gibt,
in denen man die Stille in sich aufnehmen,
schönen Erinnerungen nachhängen, ein gutes Buch lesen
und die Seele baumeln lassen kann ...
Das schenkt ein herrlich neues Lebensgefühl.

Ich wünsche dir,
dass du es verstehst, dich solch
wohltuenden Momenten ganz hinzugeben.
Die Seele sehnt sich danach und das Herz braucht sie,
damit es wirklich frei werden
und sich der Freude öffnen kann.

Viel Schönes

Vorher waren unsere Tage mit Arbeit,
mit Pflichten und Terminen bis an den Rand gefüllt.
Jetzt können wir sie mit Aufmerksamkeit,
mit Liebe und Güte füllen.

Wartet da nicht jemand auf unseren Besuch,
auf ein gutes Gespräch oder eine liebevolle Geste,
auf eine nette Aufmerksamkeit,
auf Mitgefühl und Anteilnahme?
Wartet da nicht jemand auf uns?

Lassen wir diese Zeit nicht einfach so vorübergehen.
Es gibt doch noch so viel Schönes zu tun!

Die Aufmerksamkeit ist das Gedächtnis des Herzens.

aus Frankreich

Frischer Wind

Jetzt sind wir frei von den vielen „Wenn“ und „Aber“,
die sich uns oft wie Steine in den Weg gelegt haben.

Wir sind frei,
zu einer Veränderung ja zu sagen,
wenn wir den Wunsch danach verspüren;
auch einmal einen ungewöhnlichen Weg zu gehen,
wenn er uns zu einem schönen Ziel führen kann;
dem Glück und der Freude die Türe zu öffnen,
wenn sie bei uns anklopfen ...

Frei sein bringt frischen Wind in unser Leben.

Es tut so gut,

sich hin und wieder einfach durch den Tag
treiben zu lassen wie ein kleines Boot auf dem See,
ganz im Vertrauen darauf,
dass irgendwo ein schönes Ufer wartet.

Wie oft haben wir uns gewünscht,
uns selbst und dem Leben Zeit lassen zu können.

Jetzt dürfen wir es endlich wagen,
hin und wieder das Steuer loszulassen und
unbeschwert durch den Tag zu schippern.

Einfach so, ganz gelassen.

Glücklich sein

Das ist das Besondere in unserem neuen Leben,
dass wir jetzt diese kleinen,
ganz und gar nicht alltäglichen, vielleicht sogar
ein wenig verrückten Dinge tun können.

Diese wunderbaren Dinge,
die zwar weder Erfolg noch Gewinn bringen,
die uns aber tausend Gründe dafür finden lassen,
froh und glücklich, gelassen und dankbar zu sein.

Man braucht nicht viel zum Glücklichsein,
nur eine Handvoll Freude, ein bisschen Herzenssonnenschein,
und um sich nette Leute.

Lydia Wrobel

Sonntag im Alltag

Wieder etwas mehr Aufmerksamkeit
sich selbst gegenüber macht erst richtig bewusst,
wie vieles im Alltag nur Gewohnheit ist.

Jetzt ist die beste Zeit dafür,
etwas gegen das tägliche Einerlei zu tun
und sich von alten Gewohnheiten zu trennen.
Schon kleine Veränderungen können Raum schaffen
für Neues und Schönes im Alltag.
Dann hat da und dort sogar
ein bisschen Sonntag darin Platz!

Wage ruhig solche Veränderungen.
Du wirst überrascht sein,
wie gut dem Alltag ein wenig Sonntag tut.

Ideale Zeit

Nun ist sie da, die ideale Zeit,
sich ganz auf das Großelternsein einzulassen,
sich mit den Enkeln an der Hand wieder jung
zu fühlen und das Kind in sich neu zu entdecken.

Nun ist sie da, die ideale Zeit, das zu tun,
was viel mehr Spaß macht als das Erwachsensein:
Verstecken spielen, Fußballkünste zeigen,
Kinderlieder singen, Bilderbücher anschauen ...

Zusammen mit dem Enkelkind
kann man es doppelt genießen.

Mit Kindern zusammen sein ist Balsam für die Seele.

Fjodor M. Dostojewski

Es ist so schön,

dass die Zeit nicht mehr nur der Arbeit
und all den Pflichten gehört, sondern uns selbst.

Es ist so schön,
dass wir nicht mehr das Gefühl haben,
ihr ständig vorauseilen oder hinterherlaufen zu müssen,
sondern richtig Freundschaft mit ihr schließen können.

Es ist so schön,
jeden Tag neu zu erfahren,
welch wunderbares Geschenk die Zeit ist.

Die Zeit fällt nicht vom Himmel. Wir schaffen sie selbst.
Sie liegt bereit in unserem Herzen.

Fjodor M. Dostojewski

Fröhliche Unruhe

Unserer Unternehmungslust
können wir jetzt freien Lauf lassen.
Es gibt doch so vieles, was uns interessiert,
was wir noch lernen könnten
oder schon lange wieder einmal machen wollten:

Ob es die Klavierstunde ist,
der Tanzkurs oder der Computerlehrgang;
ob es eine schöne Wanderung am See,
die Joggingstunde am Morgen
oder die kleine Radtour am Abend ist ...

Nun können wir all das machen,
wozu wir gerade Lust und Laune haben.
Das bringt eine fröhliche Unruhe
in unseren Ruhestand.

Zeit für Abenteuer

Wie oft haben wir uns gewünscht,
fremde Länder und andere Menschen kennenzulernen
oder einmal ein ausgefallenes Abenteuer zu erleben.
Nun ist die Zeit da, unsere Wünsche zu verwirklichen.

Weckt nicht schon das Auswählen eines Zieles
unsere Phantasie und unsere Lebensfreude wieder neu?
Ist nicht die Vorbereitung auf die Reise
schon ein richtig schönes Erlebnis?

Jetzt werden wir auch erfahren,
wie herrlich es ist, unterwegs zu sein,
ohne immer wieder an die Zeit denken zu müssen!

Also gibt es nur noch eines:
Hinein ins Abenteuer – hinaus in die weite Welt.
Sie wartet schon auf uns!

Träumen

Endlich Zeit zum Träumen!
Dabei ist es gar nicht so wichtig,
ob ein Traum sich auch wirklich erfüllt oder nicht.

Die Sehnsucht spüren
und noch zu träumen wagen ...
Das allein ist schon etwas Wunderbares!

Nun hast du alle Zeit der Welt.
Koste es aus – träume!
Ich wünsche dir den Mut dazu.

Träume sind wunderschöne stille Gedanken,
die wie Sonnenstrahlen das Herz
erwärmen und Glück verbreiten.

Sprichwort

Privilegien

Es ist einfach fantastisch, gewisse Privilegien zu haben,
von denen wir vorher nur träumen konnten:

Wir müssen nicht mehr alles perfekt machen
oder wie auf Knopfdruck funktionieren;
wir dürfen auch einmal nein sagen
oder zu etwas einfach keine Lust haben;
wir müssen nicht mehr ständig auf die Uhr schauen
oder zwei Dinge auf einmal erledigen ...

Kleine Herzenswünsche

Gibt es nicht noch ein paar kleine
geheime Wünsche, die du
in deinem Herzen aufbewahrt hast?

Jetzt kannst du sie endlich hervorholen
und dir den einen oder anderen
kleinen Herzenswunsch erfüllen.
Nach den vielen arbeitsreichen Jahren
hast du schließlich allen Grund dazu,
auch einmal gut zu dir selbst zu sein.

Möge die Erfüllung deiner kleinen Herzenswünsche
Glücksmomente in dein Leben tragen.

Gute Freunde

So oft haben wir gerade im Arbeitsleben erfahren,
wie wunderbar gute Freunde sind,
die auch in den turbulentesten Zeiten
eine offene Tür und ein offenes Herz für uns haben
und genau im richtigen Augenblick
ein Lächeln in unseren Alltag zaubern.

Nun liegt es an uns, unseren Freunden zu zeigen,
wie viel das gegenseitige Vertrauen, die Gemeinsamkeiten
und die Freude am Zusammensein uns bedeuten.

Nun liegt es an uns, viel Schönes nachzuholen,
für das uns früher die Zeit fehlte,
und damit unserer Freundschaft wieder neue Impulse
und fröhliche Akzente zu geben.

Unser neues Leben

liegt nun vor uns und wir dürfen es
frei nach unseren Wünschen gestalten.

Das macht richtig Lust,
unser Leben einfach auf den Kopf zu stellen
und ihm herrlich bunte Farben zu geben.

Das macht richtig Lust,
all das Schöne, das es uns schenkt,
auch wirklich zu genießen. Mit ganzem Herzen.

Und – falls wir das Genießen erst wieder lernen müssen:
Nur Geduld. Es braucht alles seine Zeit.
Und die haben wir ja.

Ein wunderbarer Zustand

Wenn wir uns wieder über die einfachsten Dinge
freuen und über uns selbst lachen können;
wenn wir wieder kleine Geheimnisse im Herzen
und ein paar Rosinen im Kopf haben ...

Wenn wir bei aller Lebenserfahrung
wieder auf Augenhöhe mit den Kindern gehen
und hin und wieder so fröhlich und unbeschwert
sein können wie sie ...

Dann ist alles klar:
Der Ruhestand ist ein wunderbarer Zustand.

Leben ist nicht genug, sagte der Schmetterling.
Sonnenschein, Freiheit und eine kleine Blume gehören dazu.

Hans Christian Andersen

Gute Wünsche

Auf deinen Weg in dieses neue unbekannte Land
gebe ich dir viele gute Wünsche mit.

Gute Wünsche sind etwas Schönes.
Sie machen Mut,
schenken Hoffnung und Zuversicht.

Sie sind leicht zu tragen,
und es ist einfach ein herrliches Gefühl,
sie im Gepäck zu haben.

Von Herzen für dich

In dieser Reihe sind außerdem erschienen:

ZUM GEBURTSTAG WÜNSCH ICH DIR
ISBN 978-3-86713-378-4

WILLKOMMEN KLEINER SCHATZ
ISBN 978-3-86713-429-3

VON HERZEN GUTE BESSERUNG
ISBN 978-3-86713-355-5

Über die Autorin:
Irmgard Erath wurde 1944 in Sulz/Vorarlberg geboren. Zunächst galt ihr Interesse vor allem der italienischen Sprache und dem Zeichnen, bis sie zu ihrer ganz besonderen Begabung fand: dem Verfassen von Aphorismen und Prosatexten. Ihre erfolgreichen Bücher sind Ausdruck ihres liebevollen Einfühlungsvermögens und sprechen vielen Menschen aus dem Herzen.

Bildnachweis:
Titel u. S. 33: iStockphoto/sabrina dei nobili; S. 5: Hiroshi Watanabe/The Images Bank/Getty Images; S. 7: Team 5/fotolia; S. 9: mauritius images/Visa Image; S. 11: iStockphoto/janol; S. 13: mauritius images/Manfred Habel; S. 15 u. Rückseite: Sandra Cunningham/fotolia; S. 17: iStockphoto/Ilka-Erika Szasz-Fabian; S. 19: iStockphoto/David Mathies; S. 21: Miroslav Ptaček; S. 23: Arthur Tilley/Workbook Stock/Getty Images; S. 25: Barbara Helgason/fotolia; S. 27: iStockphoto/Alexander Takiev; S. 29: iStockphoto/Jeanell Norvell; S. 31: iStockphoto/Oleg Filipchuk; S. 35: Martina Schindler/StockFoodCreative/Getty Images; S. 37: iStockphoto/BrooksElliott; S. 39: Peter Santor; S. 41: Friedrich Strauss/StockFoodCreative/Getty Images; S. 43: iStockphoto/Thinkstock; S. 45: kelly marken/fotolia, S. 47: Ric Kallaher/Corbis.

Textnachweis:
Wir danken allen Autoren bzw. deren Erben, die uns freundlicherweise die Erlaubnis für den Abdruck der Aphorismen erteilt haben.

Idee und Konzept:
Groh Verlag.

ISBN 978-3-86713-381-4

127002-4253-03

Ein Lächeln schenken

Geschenke sollen ein Lächeln auf Gesichter zaubern und die Welt für einen Moment zum Stehen bringen. Für diesen Augenblick entwickeln wir mit viel Liebe immer neue GROH-Geschenke, die berühren.

In ihrer großen Themenvielfalt und der besonderen Verbindung von Sprache und Bild bewahren sie etwas sehr Persönliches.

Den Menschen Freude zu bereiten und ein Lächeln zu schenken, das ist unser Ziel seit 1928.

Ihr

Joachim Groh